SAGRADA CARNE
-POEMAS ZOMBIES-
ALEJANDRO MARRÉ

Sagrada Carne ©
Copyright © Alejandro Marré, 2013
Copyright © Editorial del Gabo, 2014
Colección Patechucho #3 / 2014
ISBN: 978-0-692-23017-6

Arte de cubierta exterior: © Karina Castillo y 13
Diagramación: Carlos Rosales
Corrección de texto: Rebeca Ávila Urdampilleta

Editorial del Gabo
San Salvador, El Salvador, Centro América
editorialdelgabo.blogspot.com • ⓕ /editorialdelgabo

DE LOS ZOMBIS O DE CÓMO ENFRENTAR EL FRACASO DE LAS EMOCIONES

Rick Deckard es el protagonista de una gran novela: Do Androids Dream of Electric Sheeps. Rick Deckard tiene un grave problema, su trabajo. El trabajo de Rick Deckard es detectar, examinar, identificar y aniquilar androides. Los androides que Deckard "da de baja" son de tecnología tan sofisticada que vienen con una memoria inserta que les permite tener recuerdos artificiales. Se sueñan niños, adolescentes y adultos... aunque todos sean prototipos de adulto joven. Sin embargo el dilema de este magistral relato es que Rick Deckard a veces encuentra más sentimientos en un androide que en un ser humano, situación que complica su vida al punto de renunciar al valor de la existencia.

La novela más reconocida de Philip K. Dick es entonces un tratado acerca del fracaso de las emociones. Fracasar es de humanos, por eso los replicantes y los zombis hacen buenas migas. Unos necesitan creer que están vivos para integrarse y otros necesitan alimentarse de los no-muertos para continuar su largo estadio de podredumbre. Mientras un robot no tenga conciencia de su realidad, jamás tendrá ansiedad, depresión, pánico, soledad. Mientras un zombi no comulgue con la culpa de ser una fábrica muertos, no escribirá poesía ni lo abarcará ética alguna que lo lleve a conclusiones metafísicas.

Recorrer un mall la tarde de un domingo me recuerda las películas de George Romero: una manada babeante de cadáveres ambulantes que rompen las ventanas y las puertas de una cabaña olvidada en el bosque, buscando consumir la esencia de la condición humana: el miedo a la muerte. Siempre he pensado en Philip k. Dick y en George Romero como los grandes visionarios de la narrativa del Siglo

XX. Cada día nos adocenamos más, nos perdemos más. Aunque nuestros paraísos artificiales son caducos, arrastramos la vaga esperanza de que algo devuelva el fuego a la brasa perdida. Babosadas y costumbres.

Sin estos antecedentes, no me es fácil hablar de "Sagrada Carne". Alejandro Marré me devuelve este increíble diario zombi, luego de que hace más de un año concluimos que estos eran reales, mientras bebíamos plácidamente botella tras botella de vino tinto. Nos reímos hasta que se nos cayeron los rellenos de las muelas (no quiero contar más detalles de la conversación), pero imaginábamos a viejos amigos nuestros convertidos en esa subespecie de antropófagos. Me divierte tanto este libro, porque los zombis en realidad son felices mientras nadie les aclare su condición y mientras no divaguen en la superstición de lo correcto o de lo incorrecto. Ser zombi es una afortunada lección de poesía. "Sagrada Carne" de Alexandro Marreus es acaso el primer libro de fábulas que he leído con esta temática. Tan actual. Tan Guatemala. Tan Latinoamérica. Tan el mundo. ¿Qué cabe más decir? Disfrutemos pues, la carroña...

Javier Payeras
Escritor Guatemalteco

Si acaso sustituyeras la palabra zombi de este libro por la palabra nzambi entenderías de lo que habla la noche cuando parece callada.

"Algunos árboles murieron para que pudieras leer este libro".

Allá afuera los hombres
y sus trajes límpidos,
aquí adentro el hambre,
únicamente el hambre
y las gotas de oscuridad
que tornan el silencio infinito
en el preámbulo del festín.

Soy quietud por momentos,
contemplación.
Cuando el manjar espera en las calles,
veo carne en las aceras,
carne sin vida,
carne fácil.

Muero, luego insisto.

Yo no tengo nada más que perder,
todo lo he ganado ya:
el tiempo,
la existencia,
los ojos de los que me han llorado
y también su olvido.

La tierra me abraza
con sus fauces y su aliento de roca,
con sus dientes-estalagtita,
con el filo de sus obituarios incesantes
y su maravillosa y desproporcionada procreación.

Un rayo lunar ha caído sobre este aposento
como una invitación a insistir.
He perdido contacto con mi entierro,
y siento deseos de arropar con mi precario sistema digestivo
eso que no ha muerto aún.

Células que maquinan células,
que maquinan células,
que maquinan células,
que maquinan células,
que maquinan células.
El infinito cabe
en una mordida.

La persecución de los seres vivos,
de sus ideas, sus medicamentos,
sus alertas rojas.
Escapar de la verdad
es un ejercicio humano,
tristemente humano.

No soy un monstruo,
soy tan solo una ausencia,
un escándalo a media mañana
o a media noche,
¿Te importa mucho la hora?

Estas palabras no existen
porque los zombis no hablan,
su magia está en el asombro
y en el mínimo gusto por las conversaciones.

Los zombis no pueden escribir
porque están muy entretenidos
comiéndose al mundo.

Los animales son hermosos
cuando danzan en el festín de la vida,
sus dientes amarillos-rojizos
tienen indicios de una realidad
menos cosmética,
que es deleite y estampida.

Este lugar es peligroso
dicen allá afuera.
Lo verdaderamente peligroso
es estar vivo
y no darse cuenta.

El éxtasis de un beso antes de la cena,
sentir tus huesos, tus extremidades.
El éxtasis son tus células
completamente dispuestas en mi boca.

Lo único que tengo que decir
ante el calor de unos labios salados
y el temblor de los últimos movimientos de una presa
es Bon apetite.

Espera tu turno,
siempre hay un turno para cada apetito.
Paciente como la noche oscura
cuando quiere devorar al día
cuando aún es de día.

No importa la ropa
ni la historia,
ni la ciencia.
Importa la velocidad
del instinto
y esa extraña elegancia
de la rendición.

No huyas,
porque esos huesos son tan míos
como tuyos,
que al comerte soy yo
el que se devora a sí mismo.

En el clímax de la pesadilla
un monstruo te abraza,
si huyes
te pierdes el resto
de la historia.

Los restos aquí presentes
son un reflejo
de los restos allí presentes,
lo que ves es lo que eres,
lo que temes es lo que serás.

No hay armas que aniquilen lo imaginario,
Por eso el zombi juega libremente
mientras el resto del mundo
practica la guerra.

No hay nada más hermoso que un muerto viviente
persiguiendo a un puñado de incrédulos.

Canta la canción de los gritos,
de los silencios y las respiraciones.
Esa cancioncita boba
con la que juegas a espantar
lo imposible.

No hay melodía más hermosa
que este silencio infinito,
no hay melodía más hermosa
que repetirlo y repetirlo y repetirlo
para conservar la vida.

Mañana será un regalo,
cuando el día retorne
y yo ya me haya ido.

Volveremos a vernos
más pronto de lo que crees,
volveremos a vernos
y huiremos juntos
de nosotros mismos.

Los bichos que me acompañan esta noche
son preciosas presencias volátiles,
oscuras, temidas y pequeñas,
malentendidas en su belleza póstuma.

Bésame antes de la muerte,
bésame antes de volver a nacer.

Al final todos tienen el mismo sabor.
Su sangre es del mismo color.
No entiendo por qué se preocupan tanto
en ser diferentes.

Lo mejor del estado zombi
es que nadie te pide dinero,
lo peor son los linchamientos
y las malas adaptaciones al cine.

Odio el suicidio,
no me gustan las presas fáciles,
me sugieren una cacería
de supermercado.

Aunque no lo creas,
en este momento
un zombi te está viendo
de cerca.

Lo bueno de pasar por la vida
es que obtienes un sazón especial,
un delicado gesto culinario
antes de dejarte saborear por
el destino.

Esto no tiene nada que ver con el bien
ni con el mal,
la naturaleza tiene hambre
y muchos zombis.

Mientras más larga la carrera
más sazón en la piel,
muchas gracias.

Las escopetas me dan risa,
pero más risa me dan los necios.

La historia no nos ha tratado bien,
el tiempo también es un zombi invisible
que come todo a su paso sin escrúpulos.

Cómo admiro a los valientes
cuando lloran.

No fue un hechizo vudú
lo que me trajo hasta aquí.
Fue tu sabor,
una tierra fértil para las manifestaciones
y el tiempo.

La soledad no existe aquí,
tampoco existe la locura.
Aquí no hay células de la felicidad
ni ciencias poderosas.

¿Por qué me culpas de hacer
lo que tú harías
en las mismas circunstancias
y con hambre?

Muéstrame tus escopetas recortadas,
déjame sentir tus balas expansivas,
tus perdigones, tu pólvora.
Tus defensas son del tamaño de tu miedo.

Nunca viajes a Haití,
nunca bebas tragos de cortesía,
nunca digas
"de esa carne no comeré".

Los zombis no usamos hachas,
nos excita el uso que podemos darle
a lo que la naturaleza nos dio,
ese es nuestro credo.

La única bondad que verás en mí
es ante el alba, ante el olor a tierra
y ante otro zombi.

En esta noche interminable
seré tu nzambi,
tu transformación maravillosa,
tu salto a la eternidad.

Seres ¿Humanos?
por esa y mil razones más
es por la que les persigo,
les cazo y les como.

Sin sangre no cesa el apetito,
sin gritos no hay cena.

De pie frente a la cena,
un momento de reflexión.
Tu vida pasa por tus ojos
en pocos segundos.
Cada bocado es un mantra.

El amor también es como un zombi;
comienza con un reconocimiento de dermis,
transcurre con los sobresaltos del instinto
y termina con una porción
de proteína animal
dentro de otro cuerpo.

Soy una incubadora de gusanos,
el vacío desde donde surgen las lágrimas,
el amplificador de los rezos,
la maquinaria carnívora.
Muy parecido a tu civilización,
muy parecido.

Agrupados en hordas,
son la presa más escandalosa,
son bullicio y espuma,
inquietantes maravillas para el desayuno.

Brazos, piernas, torsos, mandíbulas, cerebros.
Qué fortuna tienen los que andan
por la vida pensando que no tienen nada.

Calavera dura, calavera sangrante,
las palabras que vociferan los instantes,
los últimos, los deleitosos,
los de cada comida.

Deja el umbral del cuerpo
y la fugacidad del ropaje.
Devuelve tu herramienta terrestre
a donde pertenece.

Esta noche será la más larga de todas,
abre los ojos al destino
y déjame mostrarte el camino.

Los rezos de los niños siempre son puros,
los de sus padres, a veces;
¡que lástima que los zombis no recemos!

Mi filosofía
se resume en pocas palabras,
quiero-tu-cerebro.

Moldear la materia
que no concluye
y solo se transforma.
Déjame acelerar
el proceso,
con estos labios
que se han de comer los gusanos.

Nací de otros apetitos,
y es muy probable que me
multiplique únicamente
con esquirlas.

No entiendo las leyes humanas,
me dejo llevar por las leyes nocturnas,
esas que solo contemplan el vacío,
el silencio y el antojo por la proteína animal.

La civilización es la prisión de la humanidad,
para mi es un banquete,
el más abundante de todos.

Y se hizo el día,
mi gran siesta,
mi locura de sueños vacíos
si es que los tengo.

Carne Diem.

Espero pacientemente en la humedad,
en las entrañas,
en el destierro,
paraíso de santos y zombis.

El ritual de alejamiento de la realidad
es una especie de antídoto,
es una marcha invertida,
son los pasos que nos acercan.

Estos diálogos toscos
son el preámbulo de la supervivencia,
el ritual entre un animal que respira
y otro que muere de hambre
aun muerto.

¿Quién eres maravilla de la creación?
deja que las proteínas hablen por sí solas
en este acto sin diálogo ni aplausos.

Vísceras,
sangre,
células,
tu y yo.

Descansa en paz,
la estampida cesa,
segundos en silencio,
los únicos gemidos
pertenecen a una sombra
sastisfecha.

Trata de abstraerte del contexto,
cerrar los ojos como lo haría un niño.
Trata de aislarte de las voces
que te repiten que este momento
es imposible.

Aún conservo el perfume de tu miedo,
los roces agridulces del primer contacto,
el sudor y la saliva,
No olvides que yo también fui ser vivo.

Sendero nocturno,
para deambular hasta encontrarse.
También los monstruos
desean intensamente,
el deseo es carnívoro.

Química espléndida
de contactos epidérmicos,
los soles nos alumbran
pero son las lunas
las que nos mueven.

Aprende de los sabios
Que andan de día,
y por las noches
emula los cerrojos de sus puertas.
No me hagas caso.

Una corazonada podría salvarte la vida,
podría,
si tan solo hicieras caso de la sabiduría del viento
que anuncia nuestro encuentro
entre tantas otras maravillas.

Néctar sublime,
escalera de herencias y verdades,
sangre,
recorriendo el silencioso
estado humano,
mi néctar.

Nunca discutas con un zombi
sobre las diferencias entre vivos y muertos,
porque podrías perder la cabeza.

No enciendas la luz en este momento,
disfruta de la duda mientras dure,
mientras tus signos vitales
persistan en mantenerte conciente.

¡Cuídate!
Procura morir entero,
dejar un rastro de cuerpo,
no sabes a qué zombi
podrías salvarle el almuerzo.

¡¡¡ En vida hermano, en vida !!!
Ayer probablemente fuimos amigos,
hoy somos tan solo cena y comensal.

Escucha al destino
como un esquizofrénico escucha a sus voces,
con el mismo respeto,
con la misma relatividad.

Un día saldrás a buscarme
con escopeta en mano,
y encontrarás cosas maravillosas
en el salto a la otra dimensión.

Escopeta, Hacha, Piocha, Pala,
Motosierra, Uzi, Antorcha,
Tijera, Revólver, Machete,
Coraje, Incertidumbre...
¡Bravo! ¡Bravísimo!

La muerte es arte.
Lo sé yo que deambulo sin vida
por la vida,
con un apetito
insaciable.

No tengas miedo de dejar este mundo,
si tarde o temprano volverás,
en estado líquido, gaseoso o mineral.
Disfruta el lobby y la fiesta de despedida.

Estos versos no son versos,
son confesiones y obituarios,
puntos de referencia
entre la vida y la muerte.

Si hubiera conocido en vida
a Edgar Allan Poe,
seguramente lo hubiera devorado
literalmente.

¿Cómo quieres ser recordado?
¿Cómo un trozo de carne
servido de mala gana?

Escuchas pasos,
sí,
son pasos
los que escuchas.

Un cerrojo forzado,
unas ventanas rotas,
gemidos al fondo,
gemidos al fondo,
hola.

Me gusta lo que miro
cuando nadie puede ver,
esta oscuridad es aliento
y certeza de cazador.

Hay momentos para todo,
para correr, para gritar, para temer,
y también para comenzar a creer,
en aquello que no se cree.

Tú no sabes qué es la soledad,
no entiendes el verdadero silencio,
no puedes ver en la oscuridad,
porque tú eres la cena.

Despójate de tus ropajes,
yo soy el curandero que aleja el dolor,
yo soy la máquina recicladora,
prepárate para el largo
y maravilloso abandono.

Aún no hemos discutido ciertos detalles,
dejémoslo así,
como suceden las cosas del destino
que no pueden discutirse.

Alejandro Marré *(1978) poeta, artista visual y comunicador (guatemalteco-salvadoreño).*

Ha publicado los libros: Times New Roman punto 12 (Editorial Cultura, Ministerio de Cultura y Deportes de Guatemala, 2006); Century Ghotic, punto 10. (Vueltegato Editores, Guatemala, 2010); Timeless punto 11 (Catafixia Editorial, Guatemala, 2011).

Ha participado en antologías de poesía y cuento como: Auto-homicidio semántico (Editorial Mundo Bizarro, Guatemala, 1998); Terrorismo Moral y Ético. (Editorial Mundo Bizarro, Guatemala, 1998) Tanta imagen tras la puerta (Editorial Universidad Rafael Landívar, Guatemala, 1999) Voces de Posguerra. (Embajada de Suiza en Guatemala, 2000.) Sin Casaca, Antología de relatos breves, publicado por el Instituto de Cultura Hispánica en Guatemala, 2008. Poesía Latinoamericana (Editorial EGO Group, Estados Unidos, 2008); Poetas por El Salvador (Editorial Delgado, El Salvador 2008); Microfé (Editorial Catafixia, Guatemala, 2013) El futuro empezó ayer (Editorial Catafixia y UNESCO, Guatemala 2013).

Su obra plástica forma parte de varias colecciones de arte, públicas y privadas, en Centroamérica, México y Estados Unidos. Dirige los proyectos Baja Resolución Films de videoarte. Editorial Mala Palabra de poesía concreta. Colaborador del área gráfica de las Editoriales Cataxifia, Vueltegato, Chuleta de Cerdo en Guatemala, Editorial del Gabo en El Salvador, Encuentros Imaginarios en Suecia y Germinal en Costa Rica.

Ha realizado la labor curatorial de varias exposiciones de artistas jóvenes en espacios como: Taberna Literaria del Centro de Cultura Hispánica en Guatemala y Galería de Alianza Francesa en Guatemala.

Colaborador gráfico y periodístico en revistas como TAXI, FOLK, ARTEFACTOS, LUNAPARK, TE PROMETO ANARQUÍA, ZONA DE OBRAS y Revistas Universitarias en Guatemala, España, México y Revista Itch.

www.ingramcontent.com/pod-product-compliance
Lightning Source LLC
Chambersburg PA
CBHW061150040426
42445CB00013B/1639